AF257725

LE DROIT DES MINORITÉS

SCEAUX. — TYPOGRAPHIE DE E. DÉPÉE.

MARIA CHENU

LE DROIT

DES

MINORITÉS

 LEUR AVÉNEMENT POLITIQUE

« Le suffrage universel doit être une vérité. »

AVEC AVANT-PROPOS

PAR

M. LOUIS JOURDAN

PARIS

Bibliothèque Libérale

A. DEGORCE-CADOT, ÉDITEUR

37, RUE SERPENTE, 37

Droits de traduction et de reproduction réservés

DEUX MOTS D'AVANT-PROPOS

Mon amie, Mad° Maria Chenu, veut bien me communiquer, avant de le livrer à l'impression, le remarquable travail qu'on va lire, et me prie de donner mon avis motivé sur la valeur de la réforme qu'elle propose.

Je vais le dire aussi brièvement que possible.

Nous ne saurons ce que vaut le principe de la souveraineté nationale que lorsque le suffrage universel sera une vérité. Jusqu'ici nous ne l'avons vu fonctionner que très-imparfaitement et d'une façon rudimentaire. Notre mécanisme électoral permet à la majorité de s'affirmer tant bien que mal; mais il écrase la minorité, si nombreuse qu'elle soit. Que, sur 100 électeurs, 51 disent *oui*, et que 49 disent *non;* la fiction légale veut que les *oui* l'emportent et que les *non* soient opprimés. Les premiers seront effectivement représentés, et rien n'indiquera même l'existence des seconds. Et cependant, les 49 électeurs qui ont dit *non* possèdent bien incontestablement le droit d'être représentés aussi à titre de minorité, ils sont une des nuances du tableau et une fraction importante du souverain.

Nous ne voulons pas nous écarter du sujet que Mad° Maria Chenu a traité dans les pages qui suivent, et rechercher la valeur des procédés par lesquels s'obtiennent trop souvent les majorités; une pareille recherche nous ferait la partie trop belle et nous mènerait fort loin.

Tenons les majorités pour ce qu'elles devraient être réellement, c'est-à-dire l'expression sincère des vœux du plus grand nombre. Ne faisons entrer en ligne de compte ni les influences gouvernementales ni les pressions administratives, ni les promesses pompeuses, ni les coups de théâtre qui, à la veille de l'élection, agissent souvent sur les consciences faibles et timorées. Ne parlons pas même du *minimum* d'instruction, sans lequel l'électeur ne peut se décider en parfaite connaissance de cause pour ou contre une opinion, *minimum* dont nous sommes loin encore !

Nous supposons tous les électeurs suffisamment instruits, suffisamment libres, en état de s'éclairer mutuellement par une large pratique du droit de réunion ; supposons en outre que le gouvernement favorise l'exercice de ce droit au lieu de le contrarier. Allons plus loin : admettons que le gouvernement renonce au système des candidatures officielles, et qu'il tienne la balance parfaitement égale entre tous les candidats, entre toutes les opinions.

Même en ce cas, même avec ces larges concessions que nous ne sommes pas près d'obtenir, le suffrage universel, tel qu'il est constitué aujourd'hui, ne sera pas une vérité. La moitié des électeurs, plus un, sera très-réellement représentée, elle sera réputée le pays tout entier ; mais l'autre moitié, moins un, n'aura aucun moyen légal de se produire et d'accentuer au profit de son opinion les décisions des pouvoirs publics.

C'est cet état de choses vicieux qu'il faudrait réformer, alors même que nous serions en possession de tous les progrès que nous venons d'énumérer : minimum d'instruction, large pratique du droit de réunion, liberté de la presse, abstention des agents administratifs, absence de candidatures officielles, etc., etc.

A plus forte raison devons-nous poursuivre une réforme

si salutaire, alors que nous sommes privés de tout contre-poids à l'abus que nous signalons ici.

Je sais bien que cet abus a sa source dans la Constitution et les lois qui règlent l'exercice du suffrage universel, mais je sais aussi que la Constitution est perfectible; qu'il est défendu de la discuter, mais non d'émettre des vœux pour son perfectionnement, et que, tout en nous soumettant aux lois existantes, nous avons le droit d'en réclamer l'amélioration.

Ce que préconisent ici Mad⁰ Maria Chenu et celui qui écrit ces lignes, c'est le droit que possèdent les minorités, non de s'imposer aux majorités et de leur faire la loi, mais d'être représentées selon leur ordre numérique. Le Parlement anglais et la presse britannique ont ardemment cherché, dans ces derniers temps le moyen de faire prévaloir ce droit des minorités. La presse française est préoccupée aussi de cette recherche. Suivant les uns, la solution du problème se trouverait dans l'unité de collége; suivant les autres, dans la théorie, d'ailleurs très-sage, et déjà pratiquée du second tour de scrutin.

Mad⁰ Maria Chenu croit — et je crois fermement avec elle — qu'il y a mieux que cela à faire. Nous croyons que les minorités ont le droit d'être directement représentées.

Sommes-nous tous d'accord sur ce principe?

C'est ce qu'il faut constater d'abord. Une fois l'accord établi, il sera facile de trouver le moyen. L'auteur de cette brochure en propose un contre lequel peu d'objections sérieuses pourraient s'élever, ce nous semble. Les moyens, les procédés seront discutés, améliorés, simplifiés si c'est possible. Là n'est pas l'essentiel.

L'essentiel, selon nous, est que l'on s'entende au préalable sur la valeur et le droit des minorités. C'est en constatant cette valeur, et en reconnaissant hautement ce droit, que nous rendrons au suffrage universel sa véritable portée.

Tant que le suffrage universel, base de notre droit public, ne sera pas une vérité, — non pas une vérité de convention, — mais une vérité vraie, tant qu'il ne reflétera pas toutes les nuances de l'opinion, nous nous agiterons dans un profond malaise, dans des déchirements douloureux, comme ceux dont nous souffrons aujourd'hui.

C'est pourquoi nous appelons la plus sérieuse attention sur l'idée générale qui a inspiré le travail de Mad^e Maria Chenu, et sur le mécanisme électoral, fort simple d'ailleurs, qu'elle soumet à la discussion. Il est incontestable que la vérité du suffrage universel surgirait de l'emploi de ce mécanisme-électoral, que les minorités y trouveraient la satisfaction qu'elles ont le droit d'obtenir, que la représentation nationale en sortirait plus complète, plus incontestée.

Mais, nous le répétons, ce mécanisme peut être modifié. Ce qui importe avant tout, c'est l'union, c'est l'entente commune de tous les esprits sur ce point.

Le suffrage universel aujourd'hui exprime-t-il la vérité sur l'état des opinions en France? Devons-nous rechercher cette vérité? Est-il bon que les minorités soient représentées?

Tel est le terrain sur lequel il est urgent d'appeler la discussion.

Louis Jourdan.

LE SUFFRAGE UNIVERSEL

DOIT ÊTRE UNE VÉRITÉ

Le suffrage électoral actuel n'a d'universel que le nom. En réalité, c'est le suffrage restreint à la majorité des électeurs, puisque le suffrage de la majorité est le seul qui fasse des députés, tandis que le suffrage des minorités est considéré comme nul et non avenu.

Le scrutin électoral est donc une simple épreuve qui a pour but, non d'assurer la représentation intégrale de la nation, mais de connaître quelle sera la portion des électeurs représentée et l'opinion de cette portion représentée.

Étant donné qu'il peut y avoir cinq millions d'électeurs en France dont la majorité absolue est de deux millions deux cent cinquante et un mille, il pourrait parfaitement arriver que la minorité non représentée s'élevât à deux millions deux cent quarante-neuf mille électeurs. Non-seulement cela se pourrait voir absolument, mais quelque chose d'approchant se verra probablement si l'opposition libérale progresse régulièrement sur tous les points du territoire français, de telle sorte qu'elle contrebalance presque partout l'influence gouvernementale et administrative sans pouvoir la vaincre, hormis dans quelques grands centres.

Au suffrage restreint s'ajoute un mandat qui n'est également un mandat que par le nom qu'on lui prête gratuitement. Ce sont les députés qui indiquent à grands traits, dans leur profession de foi, ce qu'ils pensent devoir faire pour l'intérêt de la nation, mais ils ne sont pas même obligés de tenir parole à leurs électeurs, ils ont le droit de suivre toutes les fluctuations de leurs propres opinions, et de tous ces changements les électeurs se doivent tenir pour satisfaits.

La nation est traitée comme une mineure incapable de savoir par elle-même ce qui lui convient, et les députés sont regardés comme des tuteurs qui ne doivent aucun compte d'administration, et n'ont absolument aucune responsabilité envers leur pupille.

Ainsi, d'une part, un nombre relativement restreint d'électeurs est représenté au Corps législatif; d'autre part, ces électeurs, loin de donner aucun mandat législatif à leurs députés, n'ont pas même sur eux une influence morale reconnue. Voilà ce qu'on appelle en France la représentation de la nation.

Toutes les entraves qu'on peut supposer à la liberté de la presse et au droit de réunion conviennent parfaitement à un tel système électoral. Il est hors de doute que si l'on trouve équitable que la majorité annihile complétement la minorité dans les élections, et que les députés ne tiennent aucun compte de l'opinion des électeurs, on trouvera également juste que les plus forts et les plus nombreux fassent taire ceux qui ne pensent pas comme eux.

Mais le grand défaut de ce système de représentation restreinte est de faire qu'il y ait toujours une partie de la nation qui soit vaincue et conserve l'amertume de la défaite, jusqu'au point quelquefois de se désintéresser des affaires publiques; tandis que la majorité, qui n'est qu'une simple majorité, agit seule, sans contre-poids, partant sans mesure, et prend des airs d'unanimité qui lui font illusion à elle-même et la séparent de plus en plus du reste de la nation, qu'elle ignore, ou qu'elle ne connaît que pour le combattre et l'opprimer.

On peut affirmer que toutes les fois qu'il y aura dans un pays une majorité active et toute-puissante, et une minorité évincée de toute influence sur la conduite des affaires, ce pays sera divisé en partis hostiles et à l'état permanent de guerre; et le Gouvernement, forcé d'être le gouvernement de la majorité au lieu d'être celui de la nation, y courra, comme cette majorité elle-même, le risque des révolutions soudaines.

D'un autre côté, la minorité, obligée de tendre ses forces outre mesure pour accomplir ces révolutions, sera épuisée dès le lendemain de sa victoire et ne pourra même pas mener à bien les réformes projetées. Ce fut en France l'histoire de 1848, et cette histoire se reproduira fatalement si l'on ne ménage point aux minorités un avénement paisible aux affaires et une influence proportionnée à leur nombre.

Le principal but de ce travail est donc de tracer un système électoral qui, d'une part, restitue aux électeurs le droit de donner aux députés un mandat réel, et d'autre part assure aux diverses opinions une représentation exactement proportionnée à leur valeur numérique. Mais ce ne serait encore envisager que le côté pratique du suffrage universel, le moyen de mettre en action l'énorme force latente qu'il contient ; il resterait le côté moral, c'est-à-dire le frein que le suffrage électoral tout-puissant devra s'imposer à lui-même, les idées de justice qui le dirigeront.

Les principes de 89 ne sont plus suffisants à conduire la France dans les voies du progrès, nous espérons prouver qu'ils ont été dépassés, et que la France est inspirée aujourd'hui d'idées nouvelles, plus complètes, plus équitables et plus fécondes que celles qu'ont entrevues nos pères. Ce sera la seconde partie de ce travail.

I

Avant d'élire des députés, avant de leur confier un mandat, il faut savoir ce que l'on veut, où l'on tend ; s'être arrêté à une opinion sur les grandes questions politiques que la force des choses ramène incessamment dans les débats législatifs. Mais avoir une opinion politique n'est point chose générale en France, la plupart des électeurs qu'on arrache à leurs travaux pour les entraîner au scrutin électoral seraient fort embarrassés d'en avoir une ; ils se laissent généralement diriger dans leur vote par les influences locales et il ne peut guère en être autrement aujourd'hui. La première chose à faire et la plus importante est donc d'é-

2

clairer la nation, et pour cela peut-être le meilleur et le plus court moyen, c'est que chaque parti trace le programme des mesures politiques qu'il entend réclamer ou auxquelles il veut s'opposer.

Il faudrait ensuite au moins l'intervalle de six mois avant les opérations électorales pour que chaque parti plaidât devant la nation la cause de ses opinions, au moyen de la presse, des circulaires et des réunions électorales. Le premier programme arrêté se modifierait certainement au contact des idées émises ou suggérées par les électeurs ; chaque parti s'appliquerait à connaître les besoins des masses aussi bien dans les campagnes que dans les villes, à rectifier les idées fausses, à faire pénétrer ses propres idées de justice et de progrès. Très-probablement ces idées de progrès seraient d'un parti à l'autre différentes, mais les électeurs n'y trouveraient que mieux l'idéal social qui conviendrait à leurs diverses natures et à leurs besoins.

Vers la fin de cette première période électorale, chaque parti pourrait être en mesure d'arrêter son programme définitif, et les électeurs de faire entre ces divers programmes leur choix en connaissance de cause.

Les programmes électoraux auraient d'ailleurs été en quelque sorte élaborés de compte à demi avec la masse des électeurs; les comités électoraux auraient rempli le rôle de secrétaires de la nation, traduisant en demandes de réformes les besoins et les souffrances inexprimées des masses. Les électeurs auraient senti qu'il s'agit bien réellement d'eux et de leur avenir dans les questions électorales; on verrait se renouveler à chaque législature le grand mouvement des États-Généraux de 1789, car la nation est toujours prête à se plaindre de ses gênes et de ses souffrances quand elle sait qu'on l'écoute, et malheureusement gênes et souffrances ne feront pas de sitôt défaut dans notre état social.

Les comités électoraux pourraient aussi consulter les délibérations des Conseils généraux depuis dix-huit ans. Ils verraient là des vœux formulés avec une inaltérable patience, quelquefois à une immense majorité, et laissés de côté par le pouvoir avec une impassibilité non moins inébranlable.

Les programmes électoraux arrêtés définitivement, et la nation éveillée, éclairée, attentive, on pourrait appliquer le système électoral que je vais décrire.

II

Pour attribuer à chaque opinion une représentation stric-
tement proportionnée à sa valeur numérique, il faut évi-
demment connaître cette valeur numérique par une opération préalable entourée de garanties sérieuses.

Je suppose que les divers partis électoraux, y compris
celui du gouvernement, soient, par suite d'éliminations et
de fusions de programmes, ramenés à cinq partis principaux ayant chacun son programme :

1° *Le parti des ultra-conservateurs ou conservateurs
traditionnels ;*

2° *Le parti des conservateurs gouvernementaux ;*

3° *Le parti des modérés ou tiers-parti ;*

4° *Le parti des libéraux ;*

5° *Le parti des ultra-libéraux ou radicaux.*

Un premier vote aurait lieu pour savoir combien d'électeurs appartiennent à chacun de ces partis électoraux (1). Pour cela chaque parti électoral prendrait une couleur, le blanc étant comme à l'ordinaire réservé au gouvernement. Les couleurs seraient choisies de telle sorte que, même à la lumière, on pût aisément distinguer entre elles. Chaque électeur, en retirant sa carte, recevrait 5 bulletins de vote : le bulletin gouvernemental tout blanc, les autres portant une bande de la couleur de chaque parti. Le bulletin et la bande pourraient être disposés ainsi : la couleur étant dans le haut du bulletin sur la place occupée par les lettres capitales :

BLANC	ROUGE	BLEU
Gouvernement.	Libéral.	Conservateur.

(1) Les paysans sauraient certainement bien plus aisément et bien plus vite quel programme leur convient le mieux et quel parti a leur préférence, qu'ils ne savent aujourd'hui quel candidat choisir entre ceux qui se présentent à leurs suffrages.

De telle sorte que le billet choisi par l'électeur, étant déposé, plié ou roulé dans l'urne, il fût impossible de distinguer autre chose que le blanc du papier. Cela pour assurer le secret du scrutin électoral.

Les votes auraient lieu dans chaque mairie. Le dépouillement se ferait devant les électeurs, comme aujourd'hui, mais on aurait soin que le résultat du premier jour de vote fût constaté séance tenante (1), de même pour le second jour. Les résultats du premier et du second jour seraient écrits en double, signés et parafés par le maire et les membres du bureau électoral; un exemplaire resterait affiché dans la mairie de la commune, l'autre serait envoyé à la mairie du canton pour y être affiché également, et les deux resteraient affichés jusqu'à la fin de la vérification des pouvoirs; de plus, les secrétaires des mairies seraient tenus de remettre, sous leur signature, copie du résultat du vote dans leur commune à toute personne qui en ferait la demande. On rendrait ainsi impossible toute falsification après coup.

Le résultat du vote ferait nécessairement connaître :

1° Le nombre des électeurs de chaque parti électoral;

(1) Afin d'empêcher les maires dans les villages d'emporter chez eux les boîtes électorales.

2° Le groupement géographique de ces électeurs.

On pourrait donc répartir entre les partis les députés à élire, proportionnellement au chiffre respectif d'électeurs. Ensuite on chargerait le bureau de statistique de la formation des circonscriptions électorales. Chaque parti serait considéré tour à tour comme étant seul en France, et la France comme plus ou moins peuplée dans ses diverses régions selon que les électeurs de ce parti seraient rares ou nombreux. Les circonscriptions électorales de chaque parti seraient divisées en conséquence, inégalement quant au territoire, mais de manière à ce qu'elles continssent entre elles un nombre égal d'électeurs et de députés à élire. Pour chacune on indiquerait un chef-lieu de circonscription.

Il y aurait naturellement autant de divisions de la France en circonscriptions qu'il y aurait eu de partis au vote.

Cette opération, très-aisée à faire, devrait occuper une huitaine de jours au plus.

Les circonscriptions électorales et le nombre des députés attribués à chaque parti étant rendus publics, les candidats se présenteraient aux électeurs. Au lieu d'une profession de foi, ils afficheraient leur adhésion pure et simple au programme du parti qu'ils désirent représenter. Ils auraient d'ailleurs eu tout le temps de se produire pendant la première période électorale. Ils pourraient déjà être signalés à l'attention de leurs électeurs par le zèle, l'activité ou l'habileté qu'ils auraient déployée ; d'un autre côté, ils se présenteraient pour remplir un mandat déjà parfaitement discuté et défini, mandat qu'ils seraient engagés d'honneur à défendre ; la seconde période électorale pourrait donc être sans inconvénient très-courte ; un mois suffirait.

Le jour du vote, les candidats feraient distribuer un bulletin de vote à leur nom, mais portant une bande de la couleur du parti qu'ils entendent représenter. Ce second bulletin de vote serait disposé comme le premier.

BLANC	ROUGE	BLEU	VERT
Mr A.	Mr B.	Mr C.	M^r D.

Le vote se ferait encore à la mairie de la commune. Après le vote les bulletins seraient d'abord séparés selon leur couleur ; puis dans chaque couleur, le résultat, pour chaque candidat, constaté et affiché. Enfin, les bulletins, selon leur couleur, seraient renvoyés à leurs chefs-lieu de circonscription respectifs où les résultats partiels seraient d'abord constatés une seconde fois et affichés, puis additionnés pour donner l'élection définitive.

Voici les principaux avantages de ce système électoral.

En premier lieu la discussion électorale s'établirait d'abord sur les idées, abstraction faite de toute personnalité de candidats ; l'éducation politique du pays se ferait ainsi sûrement et rapidement, et l'ordre naturel des choses qui veut que l'on sache pertinemment ce qu'on désire avant de se choisir un mandataire serait rétabli.

En second lieu, les députés représenteraient une opinion, c'est-à-dire des intérêts généraux et des convictions politiques et sociales et non un département ou une ville ; leur mandat serait réel et obligatoire, au lieu d'être comme aujourd'hui, absolument fictif.

Enfin, il n'y aurait après les élections ni vainqueurs ni vaincus politiques. Tous les électeurs seraient représentés, sinon toujours par le candidat de leur choix, au moins par un député de leur parti, tenu de suivre le programme qu'ils auraient eux-mêmes adopté. On connaîtrait toujours, à une voix près, à l'aide de la première opération électorale, la valeur respective des diverses opinions, on les verrait progresser ou décroître, et aucun gouvernement ne serait assez mal habile pour ne point tenir compte des avertissements de cette statistique d'un nouveau genre.

Peut-être, au premier abord, ce mode nouveau d'élection paraîtra-t-il quelque peu compliqué ; qu'on y réfléchisse : on verra qu'il est d'une simplicité extrême et d'une très-facile exécution. Au reste, le point important auquel il convient de s'attacher, c'est la nécessité politique actuelle de la représentation législative des minorités. Cette représentation est encore aujourd'hui du domaine de l'utopie ; qu'on le veuille sérieusement, elle sera une réalité.

Le droit des minorités à la représentation législative, la liberté de la presse, et la liberté de réunion, ne sont au fond qu'un seul et même droit, une seule et même liberté ; c'est l'opinion de la minorité que poursuivent les lois pénales édictées contre la presse ; c'est une minorité particulièrement active et intelligente qui éprouve le besoin intellectuel de se réunir pour échanger des idées. Le jour où le droit des minorités sera consacré, où la majorité elle-même le reconnaîtra ; ce jour-là, et par ce seul fait, toutes les libertés seront fondées.

Il me reste à prouver que le droit des majorités n'est point absolu, qu'il ne forme pas, comme on l'a cru depuis 1789, le droit politique par excellence ; il me reste aussi à rechercher sur quels principes sociaux le suffrage universel doit s'appuyer.

III

Pas plus dans l'ordre moral que dans l'ordre physique, la nature ne fait de saut. Un peuple qui sort de la servitude complète ne jouit pas immédiatement de la plénitude de la liberté. La Déclaration des principes de 89 inaugura la liberté civile, l'égalité devant la loi, la souveraineté nationale : le peuple français se crut arrivé au but; il n'avait fait que s'en approcher.

Les législateurs de 89 n'avaient été préoccupés que d'une idée : assurer le pouvoir de la nation. Ce pouvoir devait nécessairement être délégué, mais ils ne pensèrent pas un instant qu'il pouvait et devait être limité. La loi, dirent-ils, est l'expression de la volonté générale. La loi ne peut défendre que ce qui est nuisible à la société. Deux équivoques dont la pratique fit deux erreurs.

La loi est l'expression de la volonté générale. — Qu'entend-on par *la loi?* — Est-ce simplement une règle établie? Evidemment, la volonté générale, qui est la force, peut établir des règles : mais la volonté générale peut être aveugle ; mais ces règles peuvent être tyranniques, arbitraires, oppressives ; dès lors, quel respect méritent-elles? Quel respect mérite la volonté générale? On les subit comme on subit les désastres causés par les éléments. Il le faut bien.

La loi, dit ailleurs la Déclaration de 89, *ne peut défendre que ce qui est nuisible à la société.* Mais qu'est-ce qui est nuisible à la société et qui en est juge? C'est au nom du salut de la société qu'ont régné tour à tour la terreur rouge et la terreur blanche, au nom de la société qu'on a fait le 18 brumaire et le 2 décembre, au nom de la société qu'on a fait les lois contre les suspects, étouffé la presse, empêché les citoyens de se réunir. Où commence donc, où finit l'action nuisible à la société?

Vous nuisez à la société, disent les majorités, en écrasant les minorités.

Nous servons la société contre la majorité aveugle qui l'opprime, disent les minorités.

Qui des deux a raison?

La volonté générale, le bien de la société, ce sont donc des arguments sans issue, parce qu'ils n'ont aucun sens précis. Si la volonté générale est d'accepter la servitude, dira-t-on que la nation est libre de ne pas l'être? Si le bien de la société est d'opprimer les citoyens, faudra-t-il que les citoyens soient opprimés? Qui donc jouira de ce bonheur auquel tous les bonheurs auront été sacrifiés?

J'ai hâte de sortir de ces jeux de mots néfastes, tristes abus de logique qui ont permis d'enchaîner légalement et d'ensanglanter la France, et contre lesquels sa raison proteste depuis qu'ils ont été proférés.

Faisons table rase, cherchons d'abord la vérité; nous verrons ensuite que l'instinct de la France nous a précédés.

IV

Le caractère des lois politiques et des lois civiles dépend
en grande partie de l'idée qu'on se fait du contrat social.
Jusqu'à présent ce contrat a été mal compris. Ni l'usurpation, ni le besoin de la défense commune n'expliquent ce
prodige de la servitude volontaire que la Boétie put faire tou-
cher au doigt sans l'ébranler. Si l'homme eût été fait pour
vivre isolé, il eût pu se défendre isolément contre des usur-
pations ou des attaques isolées. Quel besoin impérieux l'a
donc de tout temps obligé de vivre en société? Qu'est-ce
que la société lui donne? Que donne-t-il à la société? Qu'est-

ce que la société a le droit de lui imposer? Qu'a-t-il le droit d'exiger de la société?

Isolément l'homme peut suffire aussi bien que l'animal à tous les besoins qu'il a en commun avec les animaux. Mais il conçoit au delà du strict nécessaire, ou plutôt au delà des besoins physiques. Il a en lui le germe des arts et des sciences, les facultés qui lui permettront de lutter avec la nature, le besoin d'un certain ordre, d'une certaine harmonie; il a une conscience et l'instinct des idées morales et religieuses. Tout cela développé, c'est l'homme complet, l'homme civilisé; tout cela rudimentaire, c'est l'homme primitif: la *larve humaine*.

L'homme civilisé est tout entier dans l'homme primitif; de l'un à l'autre, il n'y a que l'accumulation des observations successives. Entre Raphaël et le barbare dessinateur des âges géologiques, qui grave une figure de mammouth sur un bois de renne, il n'y a que l'étude, c'est-à-dire les travaux des Égyptiens qui ont instruit les Grecs, ceux des Grecs qui ont inspiré la renaissance italienne. Les hommes se font les uns aux autres une échelle; les plus grands sont ceux qui sont haussés sur des générations.

Mais l'homme primitif, cette larve qui dut se développer

seule, avait pour lui l'instinct du développement et de la croissance qui ne manque à aucun des êtres destinés à vivre. Les hommes se rapprochèrent donc les uns des autres pour se communiquer leurs premiers talents, leurs premières observations ; ce furent des groupements qui ne durent rien à l'usurpation ni aux luttes hostiles que ces premiers ateliers de l'âge de pierre ou les hommes taillèrent en commun leurs couteaux et leurs flèches de silex.

La guerre, l'usurpation n'eut rien à voir non plus dans ces traditions philosophiques et religieuses que les penseurs primitifs se léguèrent oralement à l'ombre des forêts, et que l'on estimait alors au point de les acheter par de longues et pénibles initiations.

Ce fut donc pour apprendre, pour connaître, pour développer leur talent, leur génie et leur pensée, que les hommes se groupèrent ; le trésor qui les attira et les retint, ce fut le trésor des observations successives que chaque génération gardait soigneusement comme un dépôt. La guerre et l'usurpation, les abus de toutes sortes se montrèrent en effet dès que les hommes furent réunis ; mais ce ne furent jamais les agents organisateurs de la société, et si les hommes consentirent à supporter les maux qu'ils se faisaient les uns aux autres, ce fut à cause de ce bien inestimable qu'ils se faisaient mutuellement, — le développement intellectuel et moral.

Le véritable pacte social, le voici donc. La société conserve intact le dépôt des observations faites, les chefs-d'œuvre successifs des arts, les découvertes des sciences, les recherches faites, les idées acquises ; elle le conserve et le tient à la disposition de l'individu, afin que celui-ci y puisant les matériaux de son développement moral et intellectuel puisse devenir un homme.

D'un autre côté, ce que l'individu formé par la société parvient à conquérir d'idées nouvelles vient grossir le trésor social.

L'état social a donc pour but de créer l'homme intellectuel et moral.

Si nous ne nous trompons pas sur la nature du pacte social, qu'est-ce donc que la société doit à l'homme ? Elle lui doit, comme nous l'avons dit, toutes les idées et toutes les connaissances acquises ; elle lui doit la liberté entière pour qu'il puisse choisir à tout instant, selon sa nature, dans le trésor social ; elle lui doit la sécurité pour que rien n'interrompe son développement.

L'homme doit à la société de travailler selon l'étendue et la nature de ses facultés, car tout travail d'homme accroît le trésor social du génie humain.

Qu'est-ce que la société a le droit d'imposer à l'homme? Elle a le droit de lui imposer le respect de la liberté et de la sécurité d'autrui.

L'homme, à son tour, a droit d'exiger de la société qu'elle tienne la balance exacte entre tous les intérêts, c'est-à-dire entre toutes les libertés.

Dès lors, qu'est-ce donc que la loi? C'est justement cette balance exacte entre les libertés, entre les intérêts; — loi civile si la balance est tenue des libertés d'un citoyen à un autre; — loi politique si la balance est tenue de tous les citoyens à un seul, ou d'un seul à tous.

Mais qui fait la loi? Personne! Elle est : on la découvre, on l'applique, et c'est tout.

Qui donc pourrait se vanter de pouvoir que le milieu ne fût pas au milieu. La loi est justement ce milieu cherché.

Si la loi prend parti, elle n'est plus la loi. Vainement, me direz-vous qu'elle prend le parti de tous contre un seul, elle n'a pas le droit d'opprimer un seul au profit de tous. Elle n'a pas davantage le droit d'opprimer la multitude au profit de quelques-uns.

Les principes de 89 l'ont dit, — cette fois avec une entière raison : — *L'exercice des droits naturels de chaque homme n'a de bornes que celles qui assurent aux autres membres de la société la jouissance de ces mêmes droits.*

Mais personne ne peut faire que ces bornes soient avancées ou reculées ; l'exercice d'un droit est un fait physique et réel que rien ne peut modifier.

Nous nous réunissons cinquante pour nous entretenir ; cela ne vous empêche pas de vous réunir à côté mille si vous voulez ; si vous nous empêchez de nous réunir, vous nous opprimez. Vous êtes peut-être la volonté générale, vous n'êtes pas la loi !

Nous écrivons, nous publions les résultats de nos méditations et de nos veilles, cela n'empêche personne d'en faire autant. Vous nous confisquez nos livres ; vous êtes peut-être la volonté générale, vous n'êtes pas la loi !

Vous dites que nous troublons l'ordre public. Attendez que nous l'ayons troublé pour nous frapper. Vous affirmez que nous outrageons la religion établie, la morale reçue ; personne n'est obligé de nous lire ni de nous croire ; mais si vous nous réduisez au silence, vous prenez parti pour des doctrines, vous ne défendez plus des droits ; vous êtes peut-être la volonté générale, vous n'êtes pas la loi !

Il faut donc que les électeurs du suffrage universel sachent bien que la volonté générale ne peut pas faire les lois, pas plus que ne le peut la volonté d'aucun souverain ou corps public. Les lois sont des mesures exactes entre les libertés et les intérêts, les législateurs doivent être des calculateurs qui font de leur mieux pour découvrir cette exacte mesure ; quiconque peut prouver que la mesure adoptée est fausse et en peut donner une plus approchée le doit faire ; la vraie mesure est la vraie loi.

La société n'a point d'intérêt hors de ceux des individus, il n'y a donc point d'action qui soit nuisible à la société et qui puisse être empêchée ou punie comme telle. Toute action qui n'atteint point un individu ou des individus souffrant dommage de cette action, qu'atteint-elle ? Elle tombe à vide, la société n'est point un être réel.

Mais si la volonté générale n'a point le droit de faire des

lois, quel est donc le champ d'action du suffrage universel, quel mandat les électeurs peuvent-ils donner à leurs
députés?

A ceci je répondrai d'abord qu'il n'est question ici que
des principes de justice qui doivent inspirer le suffrage
universel. Si quelqu'un avait à faire l'éducation d'un souverain et lui disait : « Sire, vous pouvez tout, il n'y a d'autre
loi que votre bon plaisir », il ferait de ce souverain un Cali-
gula.

Si l'on disait à la nation souveraine : «Vous pouvez tout,
votre volonté est la loi et la justice. » Si on lui parlait
ainsi, ce seraient bientôt les passions aveugles du grand
nombre, l'esprit de parti qui feraient loi, et la nation serait
sa propre esclave.

Le pouvoir absolu fait aussi bien perdre la tête aux peuples qu'aux rois, et tyrannie pour tyrannie, la tyrannie ir-
responsable des masses est plus redoutable encore que la
tyrannie d'un seul homme. Mais quand le peuple sera bien
persuadé que le pouvoir de faire des lois n'appartient à personne, que la justice existe et qu'on ne la crée pas, que les
anciennes tyrannies sont détruites et non pas déplacées,
qu'il n'en pourra et n'en devra jamais hériter, alors le peu-

ple n'étant plus enivré et ébloui par son propre pouvoir, cherchera simplement la justice et la vérité, et le suffrage universel établira de lui-même son champ d'action, et les électeurs sauront naturellement quel mandat confier à leurs mandataires.

Il me reste à prouver que l'instinct de la France a deviné et indiqué d'avance ces vérités que je viens de traduire laborieusement et, j'en ai peur, confusément.

Depuis 1848, le cri du peuple est : *Instruction publique gratuite et obligatoire,* c'est-à-dire pour chaque individu, reconnaissance du droit, — instruction publique gratuite, — et du devoir, — instruction obligatoire, — que nous avons reconnu comme étant la base du pacte social.

Écoutons aussi les refrains révolutionnaires de 48 ; en voici un :

> « Travaillons, travaillons, mes frères,
> « Le travail c'est la liberté. »

Travailler, produire, chercher dans le milieu social tous les éléments de son développement physique, intellectuel et moral, c'est être libre, c'est-à-dire vivre selon les lois de la nature humaine.

Cela encore est le pacte social tel que nous l'avons compris.

Voici un autre refrain révolutionnaire :

« Les peuples sont pour nous des frères
« Et les tyrans des ennemis. »

Les peuples sont pour nous des frères, donc nous voulons amitié avec eux, c'est-à-dire la paix pour eux comme pour nous; donc nous désirons qu'ils se développent en liberté comme nous-mêmes; dès lors, s'il se trouve chez eux des hommes qui entravent leur libre développement, ces hommes qui sont leurs ennemis seront aussi les nôtres.

C'est la déclaration de la solidarité des peuples correspondant à la solidarité entre les citoyens. C'est un des principes du nouveau droit international tel que le comprend la France.

Ce droit, l'a-t-elle appliqué? Oui certes, et la campagne d'Italie en est la preuve.

Un autre principe de droit international résulte des adresses pacifiques qui, après Sadova, ont été échangées entre les ouvriers et les étudiants de Berlin et les ouvriers et les étudiants de Paris. Ce principe pourrait être défini par une formule empruntée aux principes de 89.

L'exercice des droits d'un peuple a pour limites celles qui assurent aux autres peuples la jouissance de ces mêmes droits.

Or, à tort ou à raison, l'opinion populaire en France jugea que l'Allemagne avait le droit de faire son unité tout comme la France avait fait la sienne.

Paix, sécurité, libre développement physique, moral et intellectuel, tel est le pacte social, tel est aussi le droit international.

Le pacte social est-il rempli en France? Non ! il s'en faut de beaucoup que la société soit à la hauteur de ses devoirs, l'ignorance y est le lot fatal des classes travailleuses soit dans les campagnes, soit dans les villes, l'oppression est partout, et si l'on jugeait le code en prenant pour règle absolue la formule, —

L'exercice des droits d'un individu n'a de bornes que celles qui assurent aux autres membres de la société la jouissance de ces mêmes droits. —

On serait honteux que le code actuel ait régné si long-temps.

Concluons : la France de 1789 avait rêvé d'assurer en tout et partout la souveraineté de la nation, elle n'a abouti qu'à assurer le triomphe des majorités ; la France actuelle, mieux inspirée, veut assurer la souveraineté de la justice, et faire respecter par la nation entière le droit de l'individu, elle y arrivera par la reconnaissance politique des minorités.

MARIA CHENU.

EXTRAIT DU CATALOGUE

DE LA

LIBRAIRIE A. DEGORCE-CADOT

———

BIBLIOTHÈQUE LIBÉRALE

Sœur X . . . . . . **Le Couvent,** *Mémoires d'une Religieuse.* 1 vol. in-18 . . . . 3 »

Ch. Boysset, **Catéchisme du XIXe siècle**, 1 vol. ancien représentant. In-18 . . . . 3 50

Députés **Loi Militaire,** discours *in extenso* et texte de l'Opposition. des Lois de 1868 et de 1832. 1 vol. in-8°. 1 50

— **Loi de la Presse,** discours *in extenso,* et texte de la Loi. 1 vol. in-18 . . . . . 1 50

— **Loi sur les Réunions,** discours *in extenso,* avec texte de la Loi. 1 vol. in-18 . 1 »

Jules Simon . . **L'Instruction populaire en France.** 1 vol. in-18 . . . . 1 50

— **De l'Organisation démocratique de l'Armée.** In-8° . . . . » 30

— **De l'Outrage à la Morale publique et religieuse.** In-18 . . . . » 30

— **De l'Organisation du Conseil des Prud'hommes.** In-8° . . . . » 30

Thiers . . . . . **Discours** (réunis) **sur la Loi de la Presse.** 1 vol. in-8° 1 50

Thiers et Pouyer- **La Vérité sur le régime économi-** Quertier. **que de la France** 1 50

Garnier-Pagès. . **De la Suppression des armées permanentes.** Brochure in-18. . . . . . » 30

— **De l'Introduction des Journaux étrangers.** Brochure in-18 . . . . . » 30

— **De la Question du Timbre.** Brochure in-18. . . . . » 30

Carnot . . . . **De la Suppression des Droits électoraux.** Brochure in-18. . . . . . » 30

Glais-Bizoin . . **Donner et reprendre ne vaut.** Brochure in-18. . . . . » 30

Ernest Liouville **Commentaires sur la Loi Militaire,** avec une Lettre de M. Ernest Piet H. Rousseau card. 1 vol. in-18 . . . . 1 50
avocats.

Aug. Marais . . **L'École et la Liberté,** avec préface par M. Eug. Pelletan. 1 50

André Léo . . . **Une Mère de famille,** à M. Duruy. Brochure in-8. . . . . 1 »

Félix Mornand . **Garibaldi.** In-18 jésus 1 50

HISTOIRE

DE LA

RÉVOLUTION DE 1848

PAR

GARNIER-PAGÈS

Député, ex-Membre du Gouvernement provisoire

ÉDITION SUPERBEMENT ILLUSTRÉE

En 100 Livraisons à 10 centimes

Ou 10 séries à 1 franc.

Le nom seul de l'auteur, l'honoré M. GARNIER-PAGÈS, député, qui a écrit cette histoire, après avoir participé à tous
ses actes, soit comme membre du gouvernement provisoire,
soit comme ministre, dispense de tout commentaire, et donne
à cette œuvre un cachet d'honnêteté et de véracité qui lui
ont mérité l'estime de tous les partis et un succès hors ligne.

Sceaux. — Typographie de E. Dépée.